Thoai van Pham

Vokabeln lernen

– fit in 30 Minuten

Kids auf der Überholspur

Die Deutsche Bibliothek – CIP-Einheitsaufnahme

Ein Titeldatensatz für diese Publikation ist bei der Deutschen Bibliothek erhältlich.

Herausgeber: Das LernTeam, Marburg
Lektorat: Hille & Schäfer, Freiburg
Illustrationen, Titel und Layout: Ulf Marckwort, Kassel
Illustration Rücktitel: Martina Foßhag, Kassel
Satz: Frank Werner, Kassel
Druck und Verarbeitung: Salzland Druck, Staßfurt

2. Auflage 2007

Hinweis:
Dieses Buch ist sorgfältig erarbeitet worden. Dennoch erfolgen alle Angaben ohne Gewähr. Weder Autor noch Verlag können für eventuelle Nachteile oder Schäden, die aus den im Buch gemachten Hinweisen resultieren, eine Haftung übernehmen.

Printed in Germany

www.gabal-verlag.de
www.gabal-shop.de

ISBN 13: 978-3-89749-638-5

In 30 Minuten auf die Überholspur!

Dieses Buch ist so konzipiert worden, dass du in kurzer Zeit erfährst, wie du schnell und effektiv Vokabeln lernen kannst.

- Jedes Kapitel beginnt mit drei zentralen Fragen, die im Verlauf des jeweiligen Kapitels beantwortet werden.

- Nach jedem Kapitel werden die wichtigsten Inhalte noch einmal zusammengefasst.

Da dieses Buch so klar und deutlich strukturiert ist, kannst du es immer wieder zur Hand nehmen, um schnell die für dich interessanten Teile zu wiederholen. Das Stichwortregister wird dir dabei eine zusätzliche Hilfe sein.

Inhalt

Hallo und herzlich willkommen!

Hast du es satt, stundenlang Vokabeln zu pauken? Bist du verzweifelt, weil dir mitten im Test häufig so viele Vokabeln nicht einfallen? Wie kann das passieren, obwohl du doch das ganze Wochenende gelernt hast? Entwickelst du langsam eine leichte Abneigung gegenüber Englisch oder Französisch, obwohl du diese Sprachen eigentlich magst? Wie passt das alles zusammen?
Vielleicht liegt es gar nicht an deiner gewählten Fremdsprache, sondern eher daran, wie du bis jetzt Vokabeln gelernt hast! Die Art und Weise, wie du für deine Prüfungen lernst, entscheidet nämlich darüber, ob die Vokabeln in dein Gedächtnis gelangen und dort abgespeichert werden oder ob sie verloren gehen.

Viele Schüler machen sich das Leben unnötig schwer, weil sie beim Vokabellernen nicht wissen, wie sie die Möglichkeiten ihres Gedächtnisses richtig einsetzen können. Wahrscheinlich geht es dir hier so ähnlich wie den meisten deiner Klassenkameraden: Keiner hat euch beigebracht, wie man am geschicktesten Vokabeln lernt.
Genau hierbei will dir dieses Buch helfen. In vier Kapiteln zeigt dir dieser Ratgeber, was du tun kannst, damit du in Zukunft Vokabeln schneller und besser lernst.

Probiere einfach mal die verschiedenen Techniken aus, und du wirst merken, dass Lernen wieder Spaß machen kann!

Zum Aufbau des Buches

In Kapitel 1 findest du wichtige Informationen über die Funktionsweise deines Gedächtnisses. Hier lernst du, wie Informationen vom Ultrakurzzeitgedächtnis (UKZG) über das Kurzzeitgedächtnis (KZG) in das Langzeitgedächtnis (LZG) gelangen.

In Kapitel 2 erfährst du, was Lernen mit allen Sinnen bedeutet und warum du mit dieser Form des Lernens schneller und besser lernst.

In Kapitel 3 lernst du einige Turbo-Techniken kennen, die dir helfen werden, sehr viele Vokabeln in relativ kurzer Zeit zu lernen und zu behalten.

In Kapitel 4 erfährst du, warum ein Wiederholen des Lernstoffs wichtig ist. Außerdem lernst du, wie du am besten mit der Vokabelkartei arbeiten kannst.

Viel Spaß beim Lesen und viel Erfolg beim zukünftigen Vokabellernen wünscht dir

Thoai van Pham
(www.lernteam.de)

1. Wie funktioniert dein Gedächtnis?

Wie viele Vokabeln kann dein Gedächtnis maximal aufnehmen?

Was ist wichtig, damit die Vokabeln in deinem Gedächtnis bleiben?

Was passiert, wenn du Vokabeln einfach nur sinnlos paukst?

Dein Gedächtnis hat die Aufgabe, Informationen und somit auch Vokabeln zu verarbeiten. Da die meisten Schüler aber den richtigen Umgang mit ihrem „Denkapparat“ nicht kennen, gehen sie beim Vokabellernen so oder ähnlich vor: Sie schlagen den Vokabelteil des Buches auf und beginnen, die Vokabeln von oben nach unten zu pauken. Anschließend halten sie die Vokabeln auf der linken Seite zu und versuchen mit Hilfe der deutschen Übersetzung auf der rechten Seite, das richtige Wort in der Zielsprache zu nennen. Wenn sie das Gefühl haben, dass sie die Vokabeln können, beenden sie das Lernen. Motiviert gehen sie dann in die Schule und wundern sich im Unterricht oder während des Vokabeltests, dass die Vokabeln doch noch nicht so richtig „sitzen“.

Kommt dir dies vielleicht bekannt vor?
Damit dir das in Zukunft nicht mehr passiert, erfährst du nun, wie dein Gedächtnis funktioniert.

Das Ultrakurzzeitgedächtnis (UKZG)

Jede Information, die wir aufnehmen, also auch jede Vokabel, muss insgesamt drei „Stufen" durchlaufen, bevor sie fest in unserem Gehirn verankert ist. Manchmal wird in diesem Zusammenhang auch von den drei Filtern des Gedächtnisses gesprochen. Gemäß diesem Modell sorgen diese drei Filter dafür, dass einerseits unwichtige Informationen vergessen werden und andererseits wichtige Informationen zur weiteren Verarbeitung zur Verfügung stehen. Dies sind sehr bedeutsame Funktionen unseres Gedächtnisses, vor allem wenn man bedenkt, dass durchschnittlich 37 870 Wörter täglich auf uns einstürmen. Das UKZG ist der erste Filter für alle ankommenden Informationen.

Nur 20 Sekunden entscheiden

Ein Merkmal des UKZG ist, dass es voneinander unabhängige Einzelinformationen nicht länger als ca. 20 Sekunden speichern kann. Du kannst dir sicherlich vorstellen, dass man in dieser „ultrakurzen" Zeit auch keine unbegrenzte Anzahl von Infos aufnehmen und verarbeiten kann. In dieser Zeit entscheidet sich also, ob eine Information weiter in das Kurzzeitgedächtnis wandert oder wieder vergessen wird. Wie viele Informationen kann das UKZG aber nun auf einmal aufnehmen, wenn die Aufnahmefähigkeit begrenzt ist? Führe dazu die zwei folgenden Lernexperimente durch.

Lernexperiment 1

Du findest im Folgenden drei Zahlenreihen. Nimm dir die erste Zahlenreihe vor. Lies die Zahlen langsam und in einem normalen Tempo durch. Klappe anschließend das Buch zu und versuche, die gelesenen Zahlen in der richtigen Reihenfolge aufzuschreiben. Diesen Vorgang wiederholst du anschließend mit der zweiten und der dritten Zahlenreihe.

6 Zahlen:	2	4	7	9	5	8						
9 Zahlen:	6	8	3	1	9	2	12	14	7			
12 Zahlen:	4	2	9	7	3	1	8	5	13	21	6	32

Wenn du wie beschrieben vorgegangen bist, müsste dein Ergebnis ungefähr so aussehen: Die erste Zahlenreihe konntest du wahrscheinlich ohne Fehler wiedergeben. Bei der zweiten Zahlenreihe hast du wahrscheinlich nicht alle Zahlen gewusst. Es sind wahrscheinlich sieben oder auch weniger Zahlen gewesen, die du richtig wiedergeben konntest. Bei der dritten Zahlenreihe hast du wahrscheinlich auch nicht mehr als sieben Zahlen behalten können. Beim Versuch, dir alle Zahlen in der richtigen Reihenfolge zu merken, bist du vermutlich durcheinander gekommen!

Wie verhält sich das UKZG, wenn die zu lernenden Informationen Wörter sind? Führe hierzu das zweite Lernexperiment durch.

>>

Lernexperiment 2

Versuche, die folgenden 20 Wörter in zwei Minuten in der vorgegebenen Reihenfolge auswendig zu lernen. Klappe das Buch anschließend zu und sage die Wörter auf.

Bodensee	**Apfel**	**Löwe**	**London**	**Stuhl**	**Telefon**
Teppich	**Berlin**	**Regierung**	**Banane**	**Affe**	**Rom**
Atlantischer Ozean	**Vulkan**	**Matratze**	**Becher**		
Mittelmeer	**Erdbeere**	**Vogel**	**New York**		

Hast du die Anweisungen richtig befolgt, trifft das folgende Ergebnis wahrscheinlich auch auf dich zu: Auch bei diesem Experiment kannst du wiederum höchstens sieben Wörter wiedergeben.

Beide Experimente sollen dir zeigen, dass es absolut normal ist, wenn man nicht alle Informationen sofort abspeichern kann. Tatsächlich liegt die Aufnahmefähigkeit des UKZG nur bei sechs bis acht voneinander unabhängigen Informationen. Die restlichen Informationen können innerhalb der 20 Sekunden nicht verarbeitet werden. Sie gelangen nicht durch den ersten Filter und werden vergessen. Das „Vergessen" ist aber eine wichtige Schutzfunktion des UKZG, um dich vor einer Überflutung mit Informationen zu bewahren.

Lerne höchstens sieben Vokabeln auf einmal

Lerne daher höchstens sieben Vokabeln auf einmal, wenn die Vokabeln voneinander unabhängige einzelne Wörter ohne Anknüpfungsmöglichkeiten sind.

Wenn du täglich von montags bis freitags sieben Vokabeln lernst, erfüllst du locker die Anforderungen der Schule. Du liegst damit im Jahr nämlich bei ca. 1300 Vokabeln. In der Schule erwartet man aber bloß ca. 1200 Vokabeln pro Fremdsprache und Jahr von dir.

Und wenn mehr Vokabeln gelernt werden müssen?

Musst du von heute auf morgen z.B. 35 Vokabeln auf einmal lernen, dann teile sie dir in fünf Päckchen zu je sieben Stück auf.

Lerne jeweils ein Päckchen auswendig und mache anschließend eine längere Pause von etwa 20 Minuten. Du kannst zwischen den Lernblöcken auch Hausaufgaben in anderen Fächern machen.

14

Vermeide ähnliche Lerninhalte

Achte beim Lernen auch darauf, dass du ähnlichen Lernstoff voneinander trennst. Lerninhalte, die sich ähnlich sind, werden nämlich weniger deutlich von deinem Gedächtnis als getrennte Informationen gespeichert. Die Folge ist, dass du sie vergisst oder mit ähnlichen Informationen verwechselst. In diesem Fall sprechen wir von einer Ähnlichkeitshemmung. Achte beim Lernen also darauf, dass du z.B. keine Englisch- und Französischvokabeln oder sehr ähnlich klingende Vokabeln in einer Fremdsprache direkt hintereinander lernst.

Lernexperiment 3

Versuche, die folgenden zehn Vokabeln innerhalb von fünf Minuten zu lernen. Klappe anschließend das Buch zu und schreibe so viele wie möglich auf. Überprüfe anschließend dein Ergebnis.

commit – festlegen
commute – pendeln
communicate – kommunizieren
complicate – komplizieren
compensate – kompensieren
compare – vergleichen
compete – konkurrieren
complete – vervollständigen
compile – zusammenstellen
compose – komponieren

Wenn du das Experiment wie beschrieben durchgeführt hast, müsste dein Ergebnis ungefähr so aussehen: Du hast mit großer Wahrscheinlichkeit weniger als sieben Vokabeln aufschreiben können, einige Vokabeln sind falsch geschrieben und die Übersetzung ist durcheinander geraten. Achte also beim Lernen von Vokabeln darauf, dass du möglichst unähnliche Wörter zusammen in einem Päckchen lernst.

Was interessant ist, wird eher behalten

Wenig oder kein Interesse an einer Information ist eine weitere Ursache dafür, dass wir sie schnell vergessen. Dein Interesse für eine Vokabel entscheidet also darüber, wie sicher diese Vokabel in deinem Gedächtnis gespeichert wird. Erinnere dich nur daran, wie schnell du z.B. einen englischen Song mitsingen oder wie leicht du alle Fußballergebnisse vom Wochenende behalten kannst, wenn du Interesse an dem Song oder den Ergebnissen hast.
Versuche also, dir den Lernstoff interessant zu machen oder ihm möglichst viel Bedeutung, z.B. für den nächsten Test beizumessen. Denn sonst sind alle deine Lernbemühungen umsonst.

Das Kurzzeitgedächtnis (KZG)

Informationen, die den ersten Filter durchlaufen haben, gelangen in das Kurzzeitgedächtnis. Das KZG hat die wichtige Aufgabe, darüber zu entscheiden, was auf Dauer von Bedeutung sein könnte und was nicht. Im KZG speicherst du Informationen für ungefähr 20 Minuten bis zwei Tage. Während dieser Zeit entscheidet sich, ob diese Informationen weiterverarbeitet und dauerhaft abgespeichert oder doch wieder aus deinem Gedächtnis gelöscht werden.

Warum es für dich wichtig ist, Vokabeln zu lernen
Da interessanter oder für dich wichtiger Lernstoff leichter vom KZG verarbeitet wird, solltest du immer überlegen, welche Bedeutung der jeweilige Lernstoff für dich hat. Finde deshalb nun drei gute Gründe dafür, dass es wichtig ist, Vokabeln zu lernen. Schreibe die Gründe auf. Sollten dir keine drei Gründe einfallen, dann frage einen Freund.

Grund 1:

Grund 2:

Grund 3:

Lege regelmäßig Pausen ein

Stundenlanges und stures Auswendiglernen von Vokabeln nützt wenig. Um Vokabeln dauerhaft zu speichern, solltest du während des Lernens regelmäßig Pausen einlegen. Pausen sind sehr wichtig, weil deine Konzentrationsfähigkeit während des Lernens kontinuierlich abnimmt. Wenn du Pausen richtig einplanst, kannst du deine Vokabeln hingegen besser behalten und konzentrierter lernen. Wann du eine Pause machen solltest, hängt von deiner Konzentrationsfähigkeit und von deinem Alter ab.

5 bis 7 Jahre	**ca. 15 Minuten**
8 bis 9 Jahre	**ca. 20 Minuten**
10 bis 12 Jahre	**ca. 25 Minuten**
ab 12 Jahren	**ca. 30 Minuten**

Lege jeweils eine Pause von etwa fünf Minuten ein. Bei deiner Pausenplanung solltest du zum Ende deiner Lernzeit hin immer längere Pausen machen, z.B. 5 Minuten, 7 Minuten, 10 Minuten.

Das Langzeitgedächtnis (LZG)

Informationen, die das Langzeitgedächtnis (LZG) erreichen, werden dort für immer abgespeichert. Dennoch kann es dir passieren, dass du bestimmte Informationen nicht sofort abrufen kannst. Diese Infos sind „verstaubt“, weil du sie nicht ständig benutzt. Wenn du diese Informationen aber wieder häufiger gebrauchst, dann erinnerst du dich auch wieder schnell an sie.

Sprichst du z. B. kein Französisch, dann kannst du dich auch nicht in dieser Sprache mit der neuen französischen Austauschschülerin verständigen. Dein Freund hingegen, der bereits einmal Französisch konnte, weil seine Familie eine Zeitlang in Frankreich gelebt hat, wird sich im Gespräch mit der Schülerin schnell wieder an die französische Sprache erinnern, auch wenn er sie zur Zeit eigentlich nicht mehr spricht.

Anknüpfungsmöglichkeiten helfen beim Lernen

Gespeicherte Informationen können im LZG aber nicht nur verstauben. Sie können dir auch sehr helfen, wenn du dir neues Wissen aneignen willst. Ankommende Informationen werden nämlich daraufhin untersucht, ob sie mit bereits gespeicherten Informationen in Verbindung gebracht werden können. Je mehr Anknüpfungsmöglichkeiten sich hierbei ergeben, desto leichter lernst du die neue Information. Hier einige Beispiele für Anknüpfungsmöglichkeiten:

Erinnern an Ereignisse

Während deines Urlaubs in Spanien hast du den Song „Eternity" (*Ewigkeit*) von Robbie Williams einige Male mit Freunden am Strand gehört. Gemeinsam habt ihr euch die Mühe gemacht, den Song zu übersetzen. Nach den Ferien stößt du in deiner Englischlektüre auf die Vokabel *eternity* und schon kommen die Urlaubserinnerungen.

Einordnen in eine Wortfamilie

Vielleicht kennst du den bekannten Song „Eternal Flame" im Original von der Gruppe Bangles oder die Kopie von Atomic Kitten. Wenn du bereits weißt, dass *eternity Ewigkeit* bedeutet, ist es leicht, *eternal flame* ins Deutsche zu übersetzen, oder? Das heißt nämlich *ewige Flamme*.

Sinnverwandte Wörter
Auch sinnverwandte Vokabeln lassen sich bei Anknüpfungsmöglichkeiten leichter lernen: Die Vokabel *wrong* (*falsch*) hilft dir z.B., den Satz „You do me wrong" zu übersetzen. Das heißt natürlich nicht „Du tust mir falsch", sondern „Du tust mir Unrecht".

Erinnern an bereits gelernte Regeln und Gesetzmäßigkeiten
Wenn du ein neues regelmäßiges Verb, z.B. *to want*, lernen musst und bereits weißt, dass diese Verben in der Vergangenheitsform mit der Endung *-ed* gebildet werden, dann kannst du dies schnell ableiten: *want, wanted, wanted.*

Wiederholung macht den Meister
Wenn du die zu lernenden Vokabeln weder interessant noch wichtig findest, dann hast du trotzdem die Möglichkeit, sie längerfristig abzuspeichern. Das gelingt dir aber nur, wenn du die Vokabeln regelmäßig wiederholst. Da die meisten Schüler das Vokabellernen nicht besonders lieben, wird das richtige Wiederholen im vierten Kapitel genauer erklärt.

In den folgenden Kapiteln dieses Buches stelle ich dir aber zunächst sinnvolle Lerntechniken und Tipps vor, die dir helfen werden, Vokabeln besser und schneller zu lernen.

Zusammenfassung

- Die Aufnahmefähigkeit deines UKZG liegt bei ca. sieben voneinander unabhängigen Informationen. Lerne daher immer nur sieben Vokabeln auf einmal.
- Sollte dein Lehrer dir z.B. 35 Vokabeln aufgeben, dann teile sie dir in fünf Päckchen zu je sieben Stück auf. Mache zwischen jedem Päckchen eine Pause und erledige in dieser Zeit andere Aufgaben.
- Ähnliche Lerninhalte blockieren sich gegenseitig und verwirren dich beim Lernen. Englisch- und Französischvokabeln direkt hintereinander zu lernen, ist daher ein absolutes Tabu. Auch ähnlich klingende Vokabeln, die du leicht verwechselst, solltest du getrennt voneinander lernen.

- Je größer dein Interesse beim Lernen ist, desto besser und schneller lernst du die Vokabeln.
- Je mehr Anknüpfungsmöglichkeiten sich beim Lernen ergeben, desto leichter lernst du die neuen Vokabeln.
- Pausen sind wichtig für deine Konzentration. Setze Pausen beim Lernen daher richtig und regelmäßig ein.
- Um Vokabeln auch langfristig zu behalten, musst du sie regelmäßig wiederholen.

2. Lerne mit allen Sinnen

Wie setze ich meine fünf Sinne beim Vokabellernen ein?

Warum ist es besser, aktiv Vokabeln zu lernen?

Wie lerne ich besonders schwierige Vokabeln?

Stell dir vor, du schaust dir den Film „Titanic“ mit Leonardo Di Caprio und Kate Winslet an. Dir gefällt der Film so gut, dass du alles um dich herum vergisst. Egal, ob der Film gerade lustig, spannend, traurig oder romantisch ist, du erlebst alles hautnah mit. Du bist mit allen deinen Sinnen dabei. Wochen später hörst du zufällig die Filmmusik „My heart will go on“ von Celine Dion im Radio laufen. Der Soundtrack zu „Titanic“ lässt plötzlich all deine Empfindungen wieder lebendig werden. Auch wenn du den Film gerade nicht siehst, kannst du dich doch an ganz viele Szenen und schöne Momente des Films erinnern.

Vor deinem inneren Auge siehst du, wie Leonardo Di Caprio in der berühmten Szene Kate Winslet am Schiffsdeck umarmt. In deinem Bauch fängt es wieder an zu kribbeln, als du an den ersten Kuss der beiden denkst. Du hörst noch ganz genau die Worte, die die beiden danach zueinander sagten.

Mehrkanalig lernen

Wie das Beispiel auf der Seite zuvor zeigt, kannst du dich besonders gut erinnern, wenn mehrere Wahrnehmungen verknüpft miteinander gespeichert worden sind.

Jeder gesunde Mensch verarbeitet Informationen mit Hilfe seiner fünf Sinne

- sehen (visuell),
- hören (auditiv),
- fühlen (kinästhetisch),
- riechen (olfaktorisch) und
- schmecken (gustatorisch).

Im Beispiel der Filmmusik aus „Titanic" hörst du die Musik (auditiv) und siehst zusätzlich sofort vor deinem inneren Auge die dazu passenden Bilder (visuell) aus dem Film. Diese Bilder lösen bei dir wiederum bestimmte Gefühle aus (kinästhetisch), vielleicht riechst du in diesem Moment sogar die Meeresluft (olfaktorisch) oder bekommst einen salzigen Geschmack auf der Zunge (gustatorisch).
Für das Vokabellernen bedeutet dies, dass du möglichst viele deiner Sinne bzw. Lernkanäle einsetzen solltest. Wie das funktioniert, erfährst du auf den folgenden Seiten.

Kombiniere mehrere Lernkanäle

Dein Lernerfolg wird umso größer sein, je mehr Lernkanäle du beim Lernen kombinierst. Die folgende Statistik verdeutlicht dies:

Wir behalten …
10 % von dem, was wir nur lesen
20 % von dem, was wir nur hören
30 % von dem, was wir nur sehen
50 % von dem, was wir hören und sehen
70 % von dem, was wir mit eigenen Worten wiedergeben
90 % von dem, was wir selbst ausprobieren

Die Statistik zeigt, dass deine Erinnerungsleistung ziemlich gering ist, wenn du deine Lernkanäle einzeln einsetzt. Erst wenn du sie miteinander kombinierst, steigt die Behaltensleistung. Kombinierst du „hören“ und „sehen“, steigt sie auf 50 Prozent. 70 Prozent erreichst du, wenn du den Lernstoff mit eigenen Worten wiedergibst – das ist übrigens immer möglich! Wenn du den Lernstoff selber ausprobierst, behältst du 90 Prozent von dem, was du lernst, da in der Regel in diesem Fall die meisten Wahrnehmungskanäle aktiviert sind. 90 Prozent wäre super – bedeutet aber, aktiv zu lernen!

Erinnere dich z. B. daran, wie du das Schwimmen gelernt hast. Etwas über die unterschiedlichen Schwimmtechniken zu lesen, hat dich nicht zum Schwimmer gemacht. Den Erklärungen deines Vaters zuzuhören und ihn beim Schwimmen zu beobachten, war schon ein bisschen hilfreicher. Die richtige Technik hast du aber erst gelernt, als du ins Wasser gesprungen bist und es selber ausprobiert hast.

Du sparst letztendlich auch Zeit

Mit dem Vokabellernen ist es ähnlich wie mit dem Schwimmen. Wenn du die Vokabeln aktiv lernst und anwendest, das heißt, sie nicht nur liest, sondern auch sprichst, schreibst, ein Bild dazu zeichnest, spielst etc., erhöht sich automatisch dein Lernerfolg.

Die Zeit, die du für diese Form des Lernens aufwendest, lohnt sich allemal. Du musst den Stoff weniger oft wiederholen, weil dir das Behalten nämlich leichter fällt. Letztendlich sparst du also auch noch Zeit.

Werde aktiv beim Vokabellernen

Nur stur zu lesen und dabei die klassische Vokabelpaukmethode „einmal die Vokabel links und dann die deutsche Übersetzung rechts im Buch zuzudecken" anzuwenden, ist auf alle Fälle zu wenig. Hingegen solltest du dir beim Vokabellernen immer überlegen, welche Lernkanäle zusätzlich aktiviert werden können, um die Bedeutung der Vokabel besser zu verstehen und zu behalten.
Hier ein kleines Beispiel, wie du die Vokabel *guinea pig* aktiv lernen könntest.

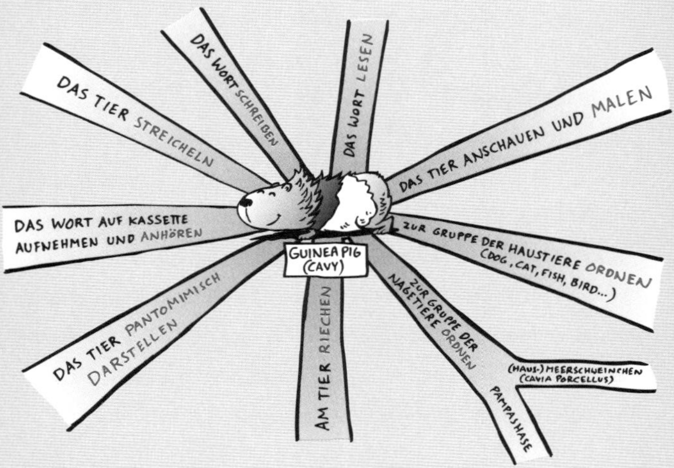

Sicher können beim Lernen nicht immer alle Sinne eingesetzt werden, aber überlege immer, so viele wie möglich am Lernen zu beteiligen.

Beispiel: *window (Fenster)*

Bei der Vokabel *window* könntest du z.B. so vorgehen:

- Stell dir ein Fenster vor deinem geistigen Auge vor.
- Schau dir ein Bild dazu an.
- Schreibe das Wort *window* auf.
- Lies das Wort *window* laut, bis die Aussprache stimmt.
- Male oder zeichne ein Fenster neben das Wort *window*.
- Deute auf ein wirkliches Fenster und sage laut: „*Window*!"
- Gehe zu einem Fenster, öffne es und sage: „Ich öffne das *window* und lasse frische Luft herein!"
- Wenn deine Englischkenntnisse schon ziemlich gut sind, kannst du diesen Satz auch ganz auf Englisch sagen: „I open the *window* and let fresh air in!"

Die VAKOG-Tabelle

Auf der nächsten Seite findest du eine Übersicht über die verschiedenen Möglichkeiten, die es gibt, Vokabeln (am Beispiel der Vokabel *bunch of flowers* = *Blumenstrauß*) zu lernen. Beim Wahrnehmungskanal „fühlen" kannst du die Unterscheidung zwischen dem Fühlen oder Anfassen von Gegenständen und dem Fühlen von Gefühlen machen. Eine *door (Tür)* kannst du z.B. anfassen. *Love (Liebe)* hingegen kannst du nicht anfassen, jedoch fühlen.

Sinne	Lernkanäle
V visuell (sehen)	• Male einen *bunch of flowers.* • Schau dir einen echten *bunch of flowers* an. • Stell dir einen *bunch of flowers* vor deinem inneren Auge vor. • Schreibe *bunch of flowers* fehlerfrei auf. • Lies ganz bewusst *bunch of flowers.*
A auditiv (hören)	• Sprich *bunch of flowers* laut aus. Achte dabei auf die richtige Aussprache. • Nimm deine Aussprache z.B. auf MP3-Player auf und höre dir die Aufnahme mehrmals an. • Lerne mit Freunden – hört euch gegenseitig ab.
K kinästhetisch (fühlen)	• Anfassen: Nimm einen *bunch of flowers* in die Hand. • Überlege, wie sich ein *bunch of flowers* anfühlt. • Gefühl: Wie fühlst du dich, wenn dir jemand einen *bunch of flowers* schenkt?
O olfaktorisch (riechen)	• Rieche an einem *bunch of flowers* oder erinnere dich daran, wie ein *bunch of flowers* riecht.
G gustatorisch (schmecken)	• Hast du schon einmal Zitronenmelisse probiert? In deinem *bunch of flowers* ist etwas davon – versuch doch einmal!

Spiele mit schwierigen Vokabeln

Was kannst du aber machen, wenn du es mit richtig schwer zu lernenden Vokabeln zu tun hast? Schwierige Vokabeln sind z. B.:

- Verneinungen wie *no* oder *never*, weil sie in unterschiedlichen Sinnzusammenhängen benutzt werden, z. B. „My answer is no!" heißt „Meine Antwort ist nein!". Dasselbe *no* in „No comment!" heißt aber „Kein Kommentar!". Das Wort *never* im Ausdruck *never before* kann einmal mit *noch nie*, aber auch mit *niemals* übersetzt werden.
- Ortsangaben, die schnell verwechselt werden können. *Behind (hinter)* und *beside (neben)* werden z. B. oft falsch verwendet. Verwechselt wird aber auch häufig *near (nahe, in der Nähe)* mit *by (bei)*.
- Pronomen wie *somebody (irgendwer)* und *anybody (jemand)*, weil sie grammatikalisch sehr schnell falsch verwendet werden. *Somebody* ist z. B. nur im Zusammenhang mit nicht verneinten Sätzen richtig: „I saw somebody in the garden." Aber auch bei Fragen, bei denen du ein „Ja" erwartest, ist *somebody* richtig. *Anybody* wiederum verwendest du nur bei verneinten Sätzen und bei Fragen, bei denen die Antwort „offen" ist: „I don't want to see anybody now!" oder „Can anybody close the door?"

- Bestimmte Substantive, die bei wörtlicher Übersetzung inhaltlich falsch wären, wie etwa *heaven* oder *catwalk*. Der religiöse Gebrauch von *heaven* wird oft mit der simplen Bezeichnung von *sky* für *Himmel* verwechselt – und *catwalk* heißt auch nicht *Katzengang*, sondern *Laufsteg*.
  Solch schwierige Vokabeln oder auch schwierige Redewendungen kannst du lernen, indem du sie spielst wie ein Schauspieler. Wie das funktioniert, erfährst du jetzt.

Beispiel: *never* und *heaven* (*nie* und *Himmel*)

Die Bedeutung von *never* und *heaven* könntest du dir z.B. folgendermaßen aneignen:

Du willst unbedingt in den Himmel kommen. Drei Dinge hast du dir vorgenommen, die du nie tun wirst, weil dir Petrus wohl sonst nicht die Türe öffnen wird. Setze nun all deine schauspielerischen Fähigkeiten ein. Falte deine Hände und richte deinen Blick gen Himmel. Sprich dann mit überzeugender und kraftvoller Stimme:

„Lieber Gott! Da ich in den *heaven* kommen möchte, habe ich mir drei Dinge überlegt, die ich *never* machen werde.

1. Ich werde *never* bei einem Vokabeltest abschreiben!
2. Ich werde *never* die Lieblings-CD meines Bruders klauen!
3. Ich werde *never* meiner besten Freundin den Freund ausspannen!

Ich hoffe, du hast zugehört Petrus und machst mir sofort die Tür zum *heaven* auf, wenn ich komme."

Wenn du so oder ähnlich vorgehst, lernst du nicht nur sehr schnell die Bedeutung von *never*, sondern auch den richtigen, nämlich religiösen Gebrauch von *heaven*.

Beispiel: *catwalk (Laufsteg)*

„On the fashion week in London next month I will take over the part of Heidi Klum. Because of a pimple on her nose she is not able to walk over the *catwalk*. Heidi is very disappointed about that."

„Auf der Modewoche in London nächsten Monat werde ich für Heidi Klum einspringen. Weil sie einen Pickel auf ihrer Nase hat, ist sie nicht in der Lage, über den *Laufsteg* zu gehen. Heidi ist darüber sehr enttäuscht."

Sprich diese Sätze auf Englisch besonders versnobt und hochnäsig. Unterstreiche den Inhalt dabei mit passender Gestik und Mimik. Du kannst hier z. B. deine Hände an die Hüfte führen und dabei ein bisschen „herumposen".

Laufe dann einmal in deinem Zimmer auf und ab und tue dabei so, als sei dies der Laufsteg. Je mehr du hierbei schauspielerst, desto schneller lernst du die Vokabel.

Beispiel: *sympathetic (mitfühlend)*

Stell dir vor, du hast *sympathetic* bis jetzt immer mit dem deutschen Wort *sympathisch* übersetzt. Nun weißt du, dass dies falsch ist. Die richtige Bedeutung will aber auch nicht so richtig in deinem Kopf bleiben. Um hier Abhilfe zu schaffen, könntest du so vorgehen:

Stell dir vor, dir geht es schlecht und du brauchst Trost. Nimm dein Lieblingsstofftier oder deinen Hund, deine Katze etc. in den Arm. Schau das Tier liebevoll und dankbar an. Denke an eine Situation, die dir Sorgen gemacht hat und sage folgenden Satz zu deinem Liebling: „Ich habe dir alle meine Probleme erzählt. Danke, dass du immer so *sympathetic* bist. Du bist ein echter Freund!" Wenn dir im Unterricht die Übersetzung von *sympathetic* nicht sofort einfällt, brauchst du nur noch an diese Situation denken. Hast du sie beim Lernen überzeugend ernst und traurig gespielt, weißt du, dass *mitfühlend* die richtige Übersetzung ist. Ein „sympathischer" Hund wäre doch irgendwie unpassend in dieser Situation, oder?

Um Redewendungen zu lernen, kannst du nach Möglichkeiten suchen, wie du sie besonders anschaulich in eine kleine Geschichte einbaust. So schaffst du Anknüpfungspunkte und förderst deine Behaltensleistung.

Beispiel: Redewendungen lernen

1. *I think you're jumping to conclusions.*
   Ich glaube, du ziehst voreilige Schlüsse.
2. *Are you sure?*
   Bist du dir sicher?
3. *We don't have much in common.*
   Wir haben nicht viel gemeinsam.
4. *I'm very anxious about it.*
   Ich sorge mich sehr deswegen.

Stell dir vor, du sollst diese vier Redewendungen lernen. Sie nur durch Lesen und Schreiben zu lernen und zu behalten, fällt vermutlich schwer und ist außerdem ziemlich langweilig. Was passiert, wenn Langeweile im Spiel ist, weißt du ja. Dein Gedächtnis vergisst die gelernten Vokabeln möglicherweise schnell wieder. Jetzt gilt es stattdessen, z.B. einen coolen Filmdialog zu verfassen, in dem diese Redewendungen richtig und sinnvoll eingebaut werden. Wichtig ist, dass der Inhalt für dich selber interessant ist. Zu den vier Redewendungen könnte zum Beispiel folgender Dialog geschrieben worden sein:

(Es ist große Pause an unserer Schule. Peter und ich sitzen auf unserem Stammplatz und unterhalten uns über Tanja und die Schule.)

Ich: „Peter, schau mal! Die Tanja starrt dich die ganze Zeit an. Die will bestimmt etwas von dir!"

Peter: „*I think you're jumping to conclusions.* Sie ist doch mit Ralf zusammen."

Ich: „*Are you sure?* Ich habe doch gesehen, wie die beiden sich vor der ersten Stunde total gestritten haben. Ihr würdet doch auch gut zusammenpassen!"

Peter: „Jetzt halt mal die Luft an. Tanja und ich haben wirklich *not much in common!*"

Ich: „Soll ich ihr mal zuwinken?"

Peter: „Untersteh dich! Lass uns über ein anderes Thema reden. Hast du schon für Mathe gelernt?"

Ich: „Noch keinen Strich. *I'm very anxious about it.*"

Wenn dein Drehbuch steht, geht es los. Fang nun an, dich und Peter in der beschriebenen Situation zu spielen. Dieses Schauspiel solltest du mit Bewegungen der Hände (Gestik), dem passenden Gesichtsausdruck (Mimik) und der richtigen Körperhaltung durchführen. Außerdem kannst du den Platz wechseln, wenn du den Text von Peter sprichst. In seiner Rolle imitierst du dann natürlich auch seine Stimme sowie seine Gestik und Mimik.

Tipp

Das macht besonders viel Spaß, wenn du auf diese Weise mit Freunden lernst. Nach ein paar Durchgängen habt ihr die anfangs schwierigen Redewendungen schnell und sicher gelernt.

36

Pantomimisches Vokabelspiel

Eine weitere Möglichkeit, schwierige Vokabeln zu lernen, ist das „pantomimische Vokabelspiel". Bei diesem Lernspiel schreibst du oder schreiben deine Mitspieler die Vokabeln und ihre Übersetzungen zunächst auf Kärtchen auf.

Die Vokabelkarten werden nun unter den Mitspielern aufgeteilt. Ein Spieler fängt an, eine Vokabel aus seinem Stapel pantomimisch darzustellen. Pantomimisch bedeutet, dass die Vokabel schauspielerisch dargestellt wird, aber ohne Stimme. Bei der Vokabel *scaredy cat (Angsthase)* kannst du z. B. mit deinen Händen zwei Hasenohren über deinem Kopf andeuten und dabei eine ganz verängstigte Körperhaltung einnehmen. Erkennt ein Mitspieler, dass du einen Angsthasen darstellst, bekommt er deine Vokabelkarte und darf als nächster eine Vokabel aus dem Stapel ziehen und vorspielen.

Am Ende des Spiels hat der Spieler mit den meisten Karten gewonnen.

Zusammenfassung

- **Beim Vokabellernen solltest du deine Sinne (Wahrnehmungskanäle) einsetzen. Zu ihnen zählen der visuelle (sehen), der auditive (hören), der kinästhetische (fühlen), der olfaktorische (riechen) und der gustatorische (schmecken) Wahrnehmungskanal.**
- **Setzt du möglichst viele Wahrnehmungskanäle beim Vokabellernen kombiniert ein, verbessert sich dein Lernerfolg und somit auch deine Erinnerungsleistung.**
- **Die VAKOG-Tabelle hilft dir, nach Möglichkeiten zu suchen, je nach Vokabel besonders viele Wahrnehmungskanäle anzusprechen.**

- **Schwierige Vokabeln lernst du schneller, wenn du schauspielerisch aktiv wirst. Setze dabei bewusst Gestik, Mimik und Körperhaltung ein.**
- **Lerne Vokabeln mit Freunden. Das motiviert und steigert die Teamfähigkeit.**
- **Das pantomimische Vokabelspiel ist eine Möglichkeit, wie du spielerisch Vokabeln lernen kannst.**

3. Turbo-Gang einlegen und durchstarten!

Möchtest du
die Tricks der Gedächtniskünstler kennen lernen?

Wie kannst du
mit den Turbo-Techniken dein Gedächtnis überlisten?

Was ist eigentlich der Agenten-Turbo?

Du hast im ersten Kapitel gelernt, dass dein Ultrakurzzeitgedächtnis zunächst nur ca. sechs bis acht voneinander unabhängige Einzelinformationen verarbeiten kann.
In diesem Kapitel stelle ich dir nun Techniken vor, mit deren Hilfe du dein Gedächtnis „überlisten“ und viel mehr Informationen auf einmal lernen und behalten kannst. „Gedächtniskünstler“, die du vielleicht aus dem Fernsehen kennst, können mit Hilfe dieser Techniken in kürzester Zeit riesige Informationsmengen bewältigen.
Solche Gedächtniskünstler sind nicht unbedingt intelligentere Menschen als du, aber trotzdem schaffen sie diese unglaublichen Leistungen. Wie ist das zu erklären? Eigentlich ganz einfach! Die meisten Turbo-Techniken nutzen die Fähigkeit des Gedächtnisses, sich besonders gut Bilder merken zu können, der Rest ist Training.
Natürlich sind diese Techniken kein Allheilmittel zum Vokabellernen. Die Lernwege, die du bis jetzt gelernt hast, sind nach wie vor sehr wichtig. Die Turbo-Techniken eignen sich aber sehr gut, um mal auf die Schnelle viele wichtige Vokabeln zu lernen. Es soll ja Lehrer geben, die von heute auf morgen 30 Vokabeln aufgeben! Die Turbo-Techniken kannst du aber auch anwenden, wenn du viele Wörter oder Informationen lernen musst, die partout nicht in deinen Kopf hinein wollen.
Und – bist du neugierig geworden? Dann lege den Turbo-Gang ein und starte gleich mit der Geschichten-Technik durch!

Der Geschichten-Turbo

Bei dieser Technik nutzt du die Fähigkeit deines Gedächtnisses, sich Geschichten besonders gut zu merken. Erinnere dich doch mal zurück an Geschichten oder Filme, die du als kleines Kind sehr gemocht hast. Wahrscheinlich weißt du jetzt noch, wie deine Helden hießen und welche Abenteuer sie erlebt haben. Vielleicht kannst du den einen oder anderen Text heute noch auswendig aufsagen, obwohl du die Geschichten oder Filme schon lange nicht mehr gelesen bzw. gesehen hast. Setze diese „Vorliebe" deines Gedächtnisses für Geschichten nun bewusst für das Vokabellernen ein. Schau dir dazu zunächst an, was du bei der Geschichten-Technik beachten solltest:

So funktioniert die Geschichten-Technik

- Bei dieser Technik werden die zu lernenden Vokabeln zu einer zusammenhängenden Story verbunden.
- Der Verlauf der Geschichte stellt für das Gedächtnis eine Ordnung dar, die es ihm leicht macht, sich die Vokabeln zu merken.
- Deine Geschichte kann aus einem Kauderwelsch aus Deutsch und der Fremdsprache bestehen, wenn du deine Zielsprache noch nicht so gut beherrschst.
- Wichtig ist, dass du die einzelnen Vokabeln nicht einfach aneinander reihst. Verbinde sie mit interessanten Tätigkeiten.

- Lass deine Geschichte so lebendig wie möglich, z. B. wie einen Spielfilm, vor deinem geistigen Auge ablaufen.
- Du bist der Regisseur! Bestimme, welche Musik zu den einzelnen Szenen gespielt wird. Entscheide, wie die Szenen gespielt werden und stell dir alles ganz genau vor deinem inneren Auge vor.
- Besetze deine Rollen in Gedanken mit Personen, die du kennst. Bestimme auch den Ort, wo die Geschichte stattfinden soll.

Ein Beispiel zur Geschichten-Technik

Stell dir vor, dass du folgende Vokabeln mit der Geschichten-Technik lernen willst:

weekend – Wochenende
party – Party, Feier
beginning – Anfang
boring – langweilig
handsome – gut aussehend
take – nehmen
courage – Mut
to talk about – reden über
favourite song – Lieblingslied
sad – traurig
suddenly – plötzlich
crazy – verrückt
dance floor – Tanzfläche
jealous – eifersüchtig

So könnte z.B. deine Geschichte lauten:

Ein Tanz mit Folgen!
Am letzten *weekend* war ich bei meiner besten Freundin auf einer *party* eingeladen. Am *beginning* fand ich alles total *boring*. Ich wollte gerade gehen, da sah ich diesen *handsome* Typen. Ich *take* meinen ganzen *courage* zusammen und sprach ihn an. Wir *talk about* Hip Hop. Schnell stellten wir fest, dass wir den gleichen *favourite song* haben. Ich war ein bisschen *sad*, als er wortlos zur Musikanlage ging. Was dann geschah, war total *crazy*: *Suddenly* hörte ich unseren *favourite song*. Bevor ich mich versah, stand er vor mir und zog mich auf den *dance floor*. Wir *dance* vor der versammelten Menge. Meine Freundin schaute nur noch *jealous* zu uns rüber.

Du hast sicherlich bemerkt, dass bei dieser Geschichte „grammatikalisch" nicht alles richtig zugeht, da die Vokabeln immer in der Grundform in den Text eingebaut sind. Wenn du dies beachtest, kannst du mit „Kauderwelschgeschichten" Vokabeln und ihre Übersetzung vor allem dadurch gut behalten, weil sie sinngemäß richtig in den Handlungsablauf eingebaut sind.
Jetzt weißt du, auf was zu achten ist. Probiere nun die Geschichten-Technik selbst aus und erzähle mit den Vokabeln deine eigene Geschichte oder wähle zehn bis 20 deiner aktuell zu lernenden Vokabeln aus.

Der Loci-Turbo

Bei dieser Technik verknüpfst du bestimmte Orte mit den zu lernenden Vokabeln zu einem einprägsamen Bild. Diese Orte können z.B. alle auf deinem Schulweg liegen.
Der Ort **Ampel** und die Vokabel *race (Rennen)* könntest du wie folgt miteinander zu einem einprägsamen Bild verknüpfen: Ich sitze in einem Ferrari vor dieser **Ampel** und warte darauf, dass das *race* startet.
Nun ein Beispiel, das dir zeigen soll, wie du die folgenden Vokabeln jeweils mit einzelnen Wegpunkten von deiner Haustür bis in das Klassenzimmer verknüpfen kannst:

pollution – Umweltverschmutzung
politician – Politiker
to jump – springen
concert – Konzert
instead of – anstelle von
accident – Unfall
upset stomach – verdorbener Magen, Magenverstimmung
humanity – Menschlichkeit

Dein Schulweg einmal anders!
Wegpunkt 1 – Haustür: Ich sehe, wie die **Haustür** durch die *pollution* schon ganz verschmutzt ist!
Wegpunkt 2 – Kiosk: Auf einem Plakat am **Kiosk** ist ein großes Bild von diesem *politician* zu sehen!

Wegpunkt 3 – Zebrastreifen: Ein Jogger *jump* über den **Zebrastreifen**, als würde er einen Graben überspringen wollen.

Wegpunkt 4 – Kirche: Ich stehe vor der **Kirche** und höre, wie eine Gruppe von Nonnen ein tolles *concert* gibt.

Wegpunkt 5 – Friseur: Mein **Friseur** verpasst mir einen neuen Haarschnitt *instead of* dieser Matte auf meinem Kopf.

Wegpunkt 6 – Freibad: Ich erinnere mich noch ganz genau an das Bild, als letzte Woche dieser *accident* mit dem LKW vor dem **Freibad** passiert ist.

Wegpunkt 7 – Schule: Vor meiner **Schule** steht Tom, der ganz gequält aussieht. Wahrscheinlich hat er einen *upset stomach* oder Angst vor der Mathearbeit.

Wegpunkt 8 – Klassenzimmer: Während der Mathearbeit in unserem **Klassenzimmer** gibt mir mein Lehrer kleine Tipps. Dieser Mensch ist ein Beispiel für *humanity*.

Wie du siehst, kannst du mit Hilfe dieser Technik ziemlich schnell viele Vokabeln lernen. Auch eine Vokabel wie *humanity* behältst du jetzt besser, weil du sie in einen für dich verständlichen Zusammenhang bzw. „Bilderrahmen“ stellst.

Die Indoor-Variante

Markante Punkte oder Orte findest du aber nicht nur draußen. Auch in deinem Zimmer kannst du bestimmte Orte festlegen, damit du in Turbogeschwindigkeit Vokabeln lernen kannst. Die meisten Gedächtnisprofis arbeiten ebenfalls mit der Loci-Technik. Allerdings haben sie zum Teil über 1000 Orte festgelegt, die sie immer wieder in einer festen Reihenfolge mit neuen Informationen belegen. Beim Vokabellernen reichen jedoch etwa 20 Orte. Bei der Festlegung der Orte solltest auch du darauf achten, dass du in gleichbleibender Reihenfolge vorgehst. Ein Beispiel:

headache – Kopfschmerzen

driving licence – Führerschein

up-to-date – aktuell, modern

poverty – Armut

to develop – (sich) entwickeln

Tür: Beim Öffnen der **Tür** löst sie sich aus den Angeln und fällt mir auf den Kopf. Ich bekomme furchtbare *headache*!
Bild: Auf dem **Bild** an meiner Wand halte ich stolz meinen *driving licence* in der Hand.
Fenster: Mein **Fenster** klemmt. Es ist nicht mehr *up-to-date*.
Bett: Mein zusammengebrochenes **Bett** sieht wie ein Häufchen Elend aus – die reinste *poverty*.
Spiegel: Wenn ich meine Muskelpakete im **Spiegel** betrachte, sehe ich deutlich , dass ich mich ganz schön *develop* habe.

Der Wortfeld-Turbo

Vokabeln lernst du schneller, wenn du sie einem Wortfeld zuordnen kannst. Ein Wortfeld besteht aus einem Oberbegriff und den dazugehörigen Unterbegriffen. Im Folgenden siehst du, was zum Wortfeld *Fahrrad* alles dazugehören könnte:

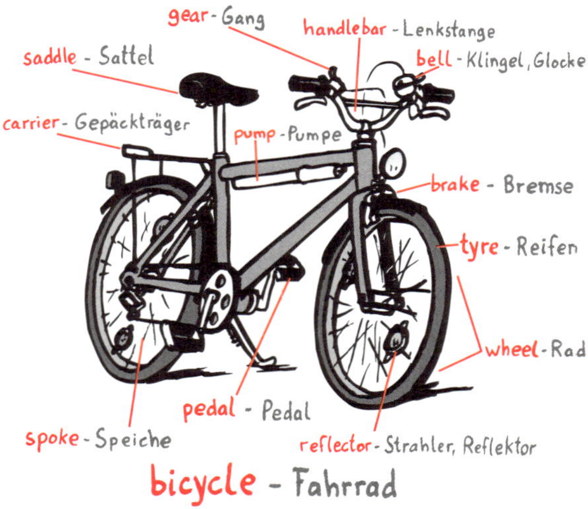

Oft sind Sprachbücher schon so aufgebaut, dass viele Vokabeln einer Lerneinheit thematisch zusammengehören. Das erleichtert dir die Arbeit, denn du musst diese Wörter nicht mehr selber einem Wortfeld zuordnen.

Probiere doch selber einmal aus, ob du mit „Struktur" und „Ordnung" dein Gedächtnis „überlisten" und schnell viele Vokabeln auf einmal behalten kannst. Mach dazu die folgenden Lernexperimente.

Lernexperiment 1

Lerne die folgenden 15 Vokabeln innerhalb von zwei Minuten der Reihenfolge nach auswendig. Klappe anschließend das Buch zu und sage die Vokabeln auswendig auf. Notiere dann dein Ergebnis.

classroom, sister, boat, playground, Saturday, shopping centre, poster, mirror, book, photo, water, cold, tiger, winter, yesterday
(Klassenzimmer, Schwester, Boot, Spielfeld, Samstag, Einkaufszentrum, Poster, Spiegel, Buch, Foto, Wasser, kalt, Tiger, Winter, gestern)

Lernexperiment 2

Führe nun das leicht veränderte Experiment noch einmal durch. Du hast wieder zwei Minuten Zeit, um dir die 15 Vokabeln der Reihenfolge nach einzuprägen. Schließe dann das Buch und versuche, auswendig so viele Vokabeln wie möglich aufzusagen. Notiere auch hier dein Ergebnis.

Clothes: coat, blouse, shoes, hat, jeans
(Kleidung: Mantel, Bluse, Schuhe, Hut, Jeans)
Head: hair, ear, nose, eyes, mouth
(Kopf: Haare, Ohr, Nase, Augen, Mund)
Colours: yellow, blue, orange, green, black
(Farben: gelb, blau, orange, grün, schwarz)

Auswertung der Lernexperimente

Wenn du wie beschrieben vorgegangen bist, dann müsste dein Ergebnis ungefähr so aussehen: Beim ersten Lernexperiment konntest du dich wahrscheinlich maximal an sechs bis zehn Vokabeln erinnern. Wahrscheinlich waren es weniger.

Beim zweiten Lernexperiment ist es dir viel leichter gefallen, die Vokabeln zu lernen. Nach zwei Minuten konntest du viel mehr Wörter (vielleicht sogar alle?) auswendig aufsagen. Die „Zuordnung" der Vokabeln war für dich eine große Hilfe. Du hast erkannt, dass es sich um die drei Wortfelder *clothes*, *head* und *colours* handelt. Dein Gedächtnis konnte sich diese Wortfelder schneller und besser merken als zusammenhanglose Wörter.

Ordnung und Struktur bedeutet Zeit sparen

Wie du siehst, ist „strukturiertes Lernen" für den Lernerfolg sehr wichtig. Strukturiere und ordne deine Vokabeln daher, bevor du anfängst, sie zu lernen. Vor allem Vokabeln, die du dir nur schwer merken kannst, solltest du versuchen, einem passenden Wortfeld zuzuordnen.

Dein Gedächtnis profitiert auf alle Fälle davon, denn es kann jetzt leichter Anknüpfungsmöglichkeiten herstellen. Die Verbindung zwischen *hat* und *shoes* herzustellen, ist z. B. für dein Gedächtnis einfacher, als zwischen *classroom* und *boat*.

Der Agenten-Turbo

Hier kommt er: dein Retter, der Agenten-Turbo. Diese Technik eignet sich sehr gut zum Lernen von einzelnen Wörtern, für die du eine Ewigkeit brauchst, um sie zu behalten oder richtig zu schreiben. Das Besondere an dieser Turbo-Technik ist, dass du die richtige Schreibweise und die Übersetzung der Vokabel so verschlüsseln musst, dass andere, z.B. deine Lehrer, den Verschlüsselungs-Code nicht erkennen können. Wie das geht, verraten dir die folgenden Beispiele.

Der Agenten-Turbo – deine „Geheimwaffe"

Lies dir zunächst die drei folgenden Sätze durch, bevor du genauer erfährst, wie du vorgehen musst.

impossible – unmöglich

Im Po Sand schlecht – unmöglich! Im Bauch lieber Eis – super!

mankind – Menschheit

Manche Autofahrer nehmen auf Kinder keine Rücksicht – was für eine grausame Menschheit!

extraordinary – außergewöhnlich

Meine außergewöhnliche Tante Fine tanzt auf jeder Party einen extraordinären Rhythmus!

So funktioniert die Technik

- Überlege dir zum Lernen und Behalten einer Vokabel einen lustigen, vielleicht auch etwas unsinnigen Satz.
- Wichtig dabei ist, dass alle Buchstaben der Vokabel in der richtigen Reihenfolge, z. B. als Anfangsbuchstaben der einzelnen Wörter vorkommen.
- Du kannst auch mehrere Buchstaben der Vokabel in deinem deutschen Satz direkt aneinander reihen, wie z. B. bei „Im Po S …“ oder „extraordinär …“. Aber Vorsicht! Dein Code ist so leichter zu durchschauen.
- Vergiss auf keinen Fall, irgendwo im Satz auch die Übersetzung der jeweiligen Vokabel einzubauen.
- Schreibe deine „Sprüchesammlung“ auf und hebe dabei die wichtigen Signalbuchstaben unauffällig hervor – aber auch hier ist Vorsicht geboten, sonst wird dein Code sofort geknackt.

Zusammenfassung

- Der Geschichten-, Loci- und Wortfeld-Turbo „überlisten" die beschränkte Aufnahmefähigkeit deines Ultrakurzzeitgedächtnisses. Mit Hilfe dieser Turbo-Techniken kannst du also wesentlich mehr als nur sechs bis acht einzelne Vokabeln auf einmal lernen und langfristig behalten.
- Die Turbo-Techniken helfen dir, wenn du schnell viele Vokabeln lernen musst oder wenn du dir einzelne Vokabeln partout nicht merken kannst.
- Der Geschichten-Turbo nutzt die Fähigkeit deines Gedächtnisses, sich Geschichten besonders gut merken zu können.

- Beim Loci-Turbo verbindest du zuvor festgelegte Punkte oder Orte mit jeweils einer Vokabel zu einem Bild.
- Der Wortfeld-Turbo strukturiert und ordnet die zu lernenden Vokabeln nach Ober- und Unterbegriffen.
- Speziell der Agenten-Turbo eignet sich zum Lernen der richtigen Schreibweise von einzelnen schwierigen Vokabeln und ihrer Übersetzung. Seinen Code kannst nur du knacken.

4. Wiederholung macht den Meister!

Warum ist es so wichtig, Vokabeln zu wiederholen?

Weißt du, wie eine Vokabelkartei funktioniert?

In welchem Rhythmus sollten die Vokabeln wiederholt werden?

Du weißt bereits, dass Wiederholung eine wichtige Rolle beim Vokabellernen spielt. Und wie versprochen, wird dir in diesem Kapitel nun auch erklärt, wie du diesen Lernweg am besten nutzen kannst. Wenn du deine gelernten Vokabeln nicht regelmäßig wiederholst, „verstauben" sie in deinem Langzeitgedächtnis, das heißt, es wird immer schwieriger, sie aufzufinden. Um das zu vermeiden, musst du sie regelmäßig wiederholen.

Es ist ähnlich wie im Sport: Durch Training eignest du dir bestimmte Fähigkeiten an. Um diese Fähigkeiten immer gut zu beherrschen, ist ein regelmäßiges Training notwendig. Die Belohnung zeigt sich dann im Wettkampf: Die Gewinner sind nämlich in der Regel diejenigen, die neben ihrem Talent auch immer konsequent trainiert haben. Durchhaltevermögen und Disziplin gehören also dazu, wenn du zu den Gewinnern gehören möchtest.

Damit dein nächster Wettkampf bzw. Vokabeltest erfolgreich wird, erfährst du nun, wie du mit Hilfe der Vokabelkartei Vokabeln langfristig und abrufbereit speichern kannst.

Eine Vokabelkartei anlegen

So wie es auch bei manchen Sportarten auf das richtige Material, z.B. Schuhe, Kletterseile etc. ankommt, um erfolgreich zu sein, ist auch beim Vokabellernen das Material nicht ganz unwichtig.

Hier schlagen wir dir eine Lernkartei vor. Du kannst sie kaufen oder auch selbst basteln. Beim Anlegen deiner Vokabelkartei solltest du Folgendes berücksichtigen:

- Achte darauf, dass deine Lernkartei wenigstens über vier Trennscheiben verfügt.
- Lege dir eine bestimmte Sammlung von Stiften zu, mit denen du Besonderheiten dick, dünn, farbig usw. markieren kannst.
- Die Karteikarten sollten mindestens DIN-A7-Größe haben.
- Verwende Blanko-Karten ohne Linien oder Karos.
- Nutze bei der Beschriftung der Karteikarten verschiedene Farben.
- Arbeite mit Bildern, Symbolen und Skizzen, um besonders viele Wahrnehmungskanäle beim Lernen einzubeziehen.

Vokabelkarten beschriften

Im Sport gibt es häufig für jeden Sportler einen individuellen Trainingsplan. Auch bei der Beschriftung der Vokabelkarten kannst du individuell auswählen, welche Möglichkeit für dich am besten geeignet ist. Hier ein paar Vorschläge:

Vorderseite: Wort in der Zielsprache
Rückseite: deutsche Übersetzung

Vorderseite: Wort in der Zielsprache
Rückseite: erklärender Satz, ebenfalls in der Zielsprache

Vorderseite: Wort in der Zielsprache
Rückseite: Bild oder erklärende Zeichnung dazu

Vorderseite: Frage in der Zielsprache, Antwort auf Deutsch
Rückseite: Frage auf Deutsch, Antwort in der Zielsprache

Vorderseite: Wort in der Zielsprache
Rückseite: Übersetzung und Anwendung in einem Beispielsatz in der Zielsprache

Wiederholen mit der Lernkartei

Auch beim Lernen und Wiederholen mit der Vokabelkartei gilt, was du bereits gelernt hast: Lerne bitte nur sechs bis acht neue Vokabeln auf einmal. Musst du mehr lernen, dann solltest du sie wieder in kleine Päckchen aufteilen. Mache zwischen den Lernblöcken eine Pause von mindestens 20 Minuten und erledige in dieser Zeit andere Aufgaben. Beim Lernen solltest du versuchen, dir jede Vokabel so realistisch wie möglich vorzustellen. Versuche also, wie in Kapitel 2 beschrieben, so viele Wahrnehmungskanäle wie möglich einzubeziehen. Nutze dazu auch deine Gestik und Mimik. Sportlich ausgedrückt: Trainiere so gut es geht unter realen Bedingungen.

Beim Lernen und Wiederholen kannst du den Wiederholrhythmus ausprobieren, den wir dir auf der nächsten Seite vorschlagen. Dieser Lernrhythmus hat sich bewährt. Durch Herumexperimentieren darfst du natürlich gerne ausprobieren, ob du mit einem anderen Rhythmus besser lernen bzw. trainieren kannst.

Heute:	**Neu lernen** **Fach 1 – Trainingsbeginn**
Heute Abend:	**1. Wiederholung** **Fach 2 – Trainingseinheit 1**
Nächster Tag:	**2. Wiederholung** **Fach 3 – Trainingseinheit 2**
Nach einer Woche:	**3. Wiederholung** **Fach 4 – Trainingseinheit 3**
Nach einem Monat:	**4. Wiederholung** **Fach 5 – Trainingseinheit 4**
Nach sechs Monaten:	**5. Wiederholung** **Fit für den Vokabeltest!**

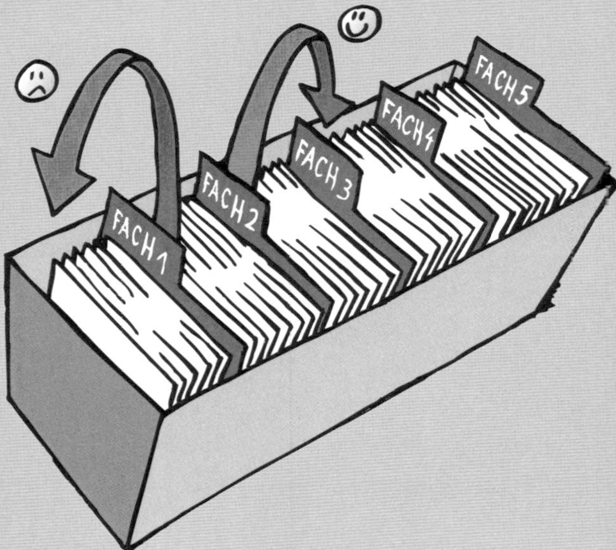

1. Neu gelernte Vokabeln werden in das Fach 1 gesteckt. Erinnere dich bitte an die beiden Lernwege „Lernen in kleinen Päckchen“ und „mehrkanaliges Lernen“.
2. Am Abend werden die neu gelernten Vokabeln wiederholt. Diejenigen, die du noch im Gedächtnis parat hast, wandern in Fach 2. Die anderen verbleiben in Fach 1. Du musst sie am nächsten Tag noch einmal neu lernen.
3. Am nächsten Tag werden die Vokabeln aus Fach 2 wiederholt. Diejenigen, die du kannst, wandern weiter in Fach 3. Vokabeln, die du wieder vergessen hast, gehen zurück in Fach 1. Du musst sie am nächsten Tag wieder neu lernen.
4. Nach einer Woche sind die Vokabeln aus Fach 3 an der Reihe.
5. Nach einem Monat wird Fach 4 wiederholt.
6. Nach einem halben Jahr wird Fach 5 wiederholt. Vokabeln, die du dann noch weißt, kannst du in einem Extra-Karton aufbewahren.

Das Lernen mit der Vokabelkartei setzt voraus, dass du am Ball bleibst. Wenn du dein Training aber ernst nimmst, gelingt dir das bestimmt auch. Jeden Vokabeltest, den du mit dieser Methode erfolgreich bestehst, darfst du dann auch richtig feiern. Zu einem solchen Erfolg gehört unbedingt eine schöne Belohnung. Sportler, die einen Wettkampf gewonnen haben, erhalten ja meist auch einen schönen Preis. Überlege dir also, womit du dich für deinen nächsten gelungenen Vokabeltest belohnen willst.

Im Team geht's besser!

Alleine zu lernen bzw. zu trainieren, ist nicht immer leicht. Mit anderen zusammen ein Ziel zu verfolgen, macht oft mehr Spaß. Frag daher Freunde oder Mitschüler, ob sie bereit sind, zusammen mit dir zu lernen. Ihr könnt euch ja gegenseitig abfragen. Aus der dritten Wiederholung bzw. der Trainingseinheit 3 lässt sich z. B. ein „Freundschafts-Match" machen. Gewonnen hat derjenige, der die meisten Vokabeln aus seinem vierten Fach richtig konnte. Auch hier kann eine kleine Belohnung für den Gewinner die Motivation auf Trab bringen. Denkbar ist natürlich auch, jemanden aus deiner Familie als „Trainer" zu gewinnen, z. B. die ältere Schwester, die super gut Englisch oder Französisch kann.

Zusammenfassung

- **Vokabeln müssen wiederholt werden, damit sie aus deinem Langzeitgedächtnis jederzeit abrufbar sind.**
- **Die Vokabelkartei ist ein tolles Instrument zum Wiederholen.**
- **Das Wiederholen von Vokabeln erfordert viel Disziplin und Durchhaltevermögen.**
- **Es kann dich motivieren, im Team Vokabeln zu wiederholen. Frag daher Freunde oder Mitschüler, ob sie bereit sind, mit dir zu lernen bzw. zu trainieren.**

Empfehlenswerte Bücher

Gemmer, Björn; Sauer, Christiane; Konnertz, Dirk
Mind Mapping – fit in 30 Minuten
Offenbach: GABAL Verlag 2001

Konnertz, Dirk; Konnertz, Christiane
Das Gern-Lern-Buch (mit CD-ROM)
Bad Rodach: JAKO-O 2006

Konnertz, Dirk; Konnertz, Christiane
Klassenarbeiten – fit in 30 Minuten
Offenbach: GABAL Verlag 2005

Konnertz, Dirk; Konnertz, Christiane
POCKET TRAINER Lerntipps
Kempen: moses. Verlag 2004

Sauer, Christiane; Konnertz, Dirk
Lernspaß – fit in 30 Minuten
Offenbach: GABAL Verlag 2000

Sauer, Christiane; Konnertz, Dirk
Powergedächtnis – fit in 30 Minuten
Offenbach: GABAL Verlag 2000

Stichwortregister

Kennst du schon die anderen Bücher aus der Reihe „Kids auf der Überholspur"?

Dirk Konnertz, Christiane Sauer
Entspannen – fit in 30 Minuten

Ulrich Strunz, Dirk Konnertz
Fitness – fit in 30 Minuten

Dirk Konnertz, Dirk Jennemann
Flirten – fit in 30 Minuten

Björn Gemmer, Christiane Konnertz
Hausaufgaben – fit in 30 Minuten

Sebastian Sauer
Internet – fit in 30 Minuten

Dirk Konnertz, Christiane Konnertz
Klassenarbeiten – fit in 30 Minuten

Björn Gemmer, Christiane Sauer
Konflikte lösen – fit in 30 Minuten

Björn Gemmer
Konzentration – fit in 30 Minuten

Björn Gemmer
Kreativität – fit in 30 Minuten

Dirk Konnertz, Christiane Sauer
Lernspaß – fit in 30 Minuten

B. Gemmer, D. Konnertz, C. Sauer
Mind Mapping – fit in 30 Minuten

R. K. Sprenger, C. Sauer
Motivation – fit in 30 Minuten

Christiane Sauer, Dirk Konnertz
Power-Gedächtnis – fit in 30 Minuten

Christiane Sauer
Reden und präsentieren – fit in 30 Minuten

Uli Kißling, Dirk Konnertz
Schneller rechnen – fit in 30 Minuten

Barbara Hipp
Selbstbewusstsein – fit in 30 Minuten

Barbara Hipp
Stressbewältigung – fit in 30 Minuten

Björn Gemmer
Textaufgaben lösen – fit in 30 Minuten

Dirk Konnertz, Christiane Sauer
Überzeugen – fit in 30 Minuten

Lothar J. Seiwert, Dirk Konnertz
Zeitmanagement für Kids – fit in 30 Minuten

Dirk Konnertz, Hubert Schwarz
Ziele erreichen – fit in 30 Minuten